Jesús Quintanilla Osorio

SERMONES ESCOGIDOS Aplicando la Palabra de vida

Jesús Quintanilla Osorio

SERMONES ESCOGIDOS Aplicando la Palabra de vida

La verdad expuesta con claridad

CREDO EDICIONES

Imprint

Cover image: www.ingimage.com

Publisher:
CREDO EDICIONES
is a trademark of
International Book Market Service Ltd., member of OmniScriptum Publishing Group
17 Meldrum Street, Beau Bassin 71504, Mauritius

Printed at: see last page
ISBN: 978-613-1-35376-5

SERMONES ESCOGIDOS

MSRO. JESUS QUINTANILLA OSORIO.

Introducción.

el arte de escribir sermones permite exponer de forma Clara y lo que la palabra de Dios enseña.

Todo sermón que se precie de serlo debe de estar estructurado con base en la homilética.

Grandes teólogos como Charles Wesley dictar un sermón es que hasta el día de hoy tienen una notable influencia.

el autor de sus sermones su servidor Jesús Quintanilla Osorio es diplomado en teología Y actualmente cursa estudios de licenciatura en la Facultad de Estudios Superiores en humanidades y teología.

con una experiencia de más de 30 años dictando sermones desde el púlpito un servidor puede exponer claramente las ideas que el señor Dios imprime en la mente a través de su Santa Palabra.

Sirvan estos sermones para glorificar a Dios.

Postura teológica.

La teología bíblica permite un enfoque humanista y a la vez teológica para abordar los problemas por los que atraviesa el ser humano en su camino por este mundo.

los sermones señalados en este trabajo tienen la visión desde el punto de vista más ortodoxo y se ajustan al pensamiento reformado.

Existe una teología liberal que en este momento está afectando a las iglesias y a la predicación misma Del Santo Evangelio que pretende eliminar a figuras históricas como Abrahám y mencionar que historias como la de Jonás son sólo fábulas que nunca sucedieron por lo cual es urgente que los que predican el evangelio pueden volver a la Biblia.

Estos sermones Escogidos han sido elegidos después de haber sido expuestos en algunas Iglesias con muy buena respuesta por parte del Auditorio.

Quiera Dios que este trabajo glorifique su santo nombre y permita a muchos conocerle.

Dedicatoria.

Esta obra está dedicada en principio a mi Señor Jesús.

agradezco el apoyo de mi esposa e hijas que me han ayudado a permanecer en los caminos del Señor.

Reconocimiento.

Reconozco el apoyo de la iglesia presbiteriana Dios Eterno y de la Congregación Monte de los olivos en las cuales he podido exponer reflexiones y algunos de estos sermones.

SERMON:

SOMOS LLAMADOS A REVIVIR PARA DIOS.

Lectura: Ezequiel 37:4-14.

Vivimos en una época llena de desencanto y de pecado, donde los cristianos se han acomodado al mundo y viven en una zona de confort, un falso confort.

Las iglesias disminuyen su membrecía, ya no hay confrontación con el pecado, y se cobijan toda clase de pecados e inmoralidades que en otras épocas hubieran escandalizado a nuestros abuelos.

Se permiten, entre otras cosas, que las parejas vivan juntas sin casarse ante la ley o la iglesia, que se preste dinero con interés, se disfrazan los diezmos y no se da la cantidad que realmente se ganó, y se dice: "Ya cumplí", cuando diezmar no solamente es dinero, sino que es tiempo, ayudas a los necesitados, visitas a los enfermos y a los presos, entre otras cosas.

Pero decimos: "Ya fui a la iglesia. Dios sabe que no tengo tiempo para más". Eso decimos, pero podemos pasar muchas horas viendo la televisión y hasta nos desvelamos por verla... ¿Cuándo nos hemos desvelado por orar si en las veladas de oración nos estamos durmiendo?

"Total, mañana es domingo, si no voy a la escuela dominical, voy en la tarde. Así no me aburro".

Y nos hemos convertido en cristianos de un servicio a la semana.

Y entonces, vienen los problemas a tocar a la puerta y decirnos: "Dios, porque no nos ayudas".

Lo decimos cuando nuestro corazón se ha endurecido por el pecado.

El Señor ordenó al profeta Ezequiel profetizar sobre los huesos secos.

Y dijo el Señor:

"Hijo de Hombre, todos estos huesos son la casa de Israel.

He aquí, ellos dijeron: Nuestros huesos se secaron y pereció nuestra esperanza y somos del todo destruidos".

Así, la Iglesia del Señor se ha secado por nuestra falta de compromiso, por dejar de orar con el corazón y de entregarnos de verdad a las enseñanzas de su amor, por dejar que la simulación entre a nuestras vidas. Sólo el verdadero amor rompe esa muerte espiritual. Sólo Dios puede darle vida a nuestros huesos secos, sin esperanza. Sólo Él puede cambiar nuestro triste escenario en una nueva vida.

Dejemos ya la falsedad, la mentira, las calumnias y todas esas pláticas para comernos unos a otros.

Dios quiere darnos una nueva vida y resucitar nuestra esperanza.

Acudamos a Él: Nos está esperando con brazos abiertos tan amplios como el universo, para rescatarnos de ese valle de huesos secos.

¡Vamos a Él, acudamos con todo nuestro ser!

Dios nos dice:

“He aquí yo abro vuestros sepulcros pueblo mío, y os haré subir de vuestros sepulturas... Y sabréis que yo Soy Jehová, cuando abra vuestros sepulcros y os saque de vuestras sepulturas... Y pondré mi Espíritu en vosotros y viviréis...Sabréis que yo Jehová hablé y lo hice”.

Revivamos para Dios.

SERMON:

EL VERDADERO AYUNO.

Pasaje: Isaías 58: 3-11

¿Cuál es el significado del ayuno?

¿Acaso sólo se trata de no comer ni tomar agua durante un tiempo?

Las Sagradas Escrituras nos enseñan que el ayuno tiene un significado más profundo.

En el paisaje que leímos, el Señor reclama a Su Pueblo, su mala actitud y rebeldía al darle un sentido vacío al ayuno.

La actitud del pueblo de Israel, no es muy distinta de la nuestra el día de hoy.

Dice el Señor que el verdadero ayuno no es un simple sacrificio, sino que implica toda nuestra vida.

"El ayuno que yo escogí, dice Dios, es desatar las ligaduras de impiedad, soltar las cargas de opresión y dejar ir libres a los quebrantados, y que rompáis todo yugo..."

¿Qué significado tiene todo esto?

Primer punto.

"Desatar las ligaduras de impiedad"

¿Qué relación tenemos con la familia? ¿Estamos peleados con nuestros hermanos, primos, tíos o con nuestro padre?

El evangelio de Jesús, rompe estas relaciones tóxicas y las une con el vínculo del amor, el vínculo perfecto.

Segundo Punto.

"Soltar las cargas de opresión".

Cuando no perdonamos a quienes nos ofenden y guardamos rencor, fallamos. El rencor es un instrumento del diablo que nos mantiene cautivos y llenos de opresión. Cristo quiere librarnos de ese rencor. Pidámosle ayuda.

Tercer punto.

"Dejar ir libres a los quebrantados y romper todo yugo"

¿A quienes les hemos hablado de Jesús para restaurar su corazón quebrantado por el dolor y los efectos del pecado? ¿Nosotros mismos acudimos a Cristo para ser libres? ¿O vivimos oprimidos en nuestra cárcel de miedos?

Pensemos en esto.

Cristo quiere que seas feliz y no un derrotado por la vida y sus circunstancias. No te quiere ver derrotado por tus miedos y fracasos, quiere que seas libre y feliz.

Dios dice en este pasaje que debemos ser generosos con el necesitado, hospitalarios con los demás, que ayudemos al que está sufriendo. Si ayudamos al enfermo, cuidándole, si al mendigo le damos comida y no lo rechazamos, si visitamos al solitario, ya sea un viejito que vive solo, si no nos escondemos del hermano que necesita consejo, Dios promete que nacerá la luz en tu alma, y se mostrará que eres cristiano, hijo del Dios vivo y verdadero.

Y lo mejor es que en tus días negros, en esas tardes de dolor y noches de insomnio, el mismo Dios te pastoreará y saciará tu alma, y dará nuevo vigor a tu vida. Cambiará tu peor escenario, por su luz. Te llenará de la luz de Su sabiduría, te vestirá de Su presencia.

Comencemos hoy a practicar el verdadero ayuno, ayudando a los demás, perdonando, amando con hechos. Seamos un reflejo del amor de Dios a este mundo.

Cristo te llama a vivir una vida de servicio a los demás. Seamos instrumentos del Señor. Deja de lado tu pasado, ama a quien rechazas, que sea más de Dios y menos de ti.

Vive el verdadero significado del ayuno de Dios y encontrarás un gozo inefable.

Bendiciones.

SERMÓN

APOCALIPSIS: EL LIBRO DE LAS REVELACIONES DE DIOS.

Apocalipsis 1:1

La revelación de Jesucristo, que Dios le dio.

Apocalipsis 1:1-8

El libro del Apocalipsis, (término que significa "revelaciones"), revelado al Apóstol Juan durante su destierro en la isla de Patmos por anunciar el evangelio de Cristo, está dividido en 2 secciones:

De los capítulos 1 al 11 trata de la victoria sobre sus enemigos, y del 12 al 22 la victoria de Cristo sobre sus enemigos y la futura ciudad de Dios, la nueva Jerusalén.

En la primera sección se revela a Jesús, el cordero de Dios, bajo diversos símbolos, glorioso en poder, el único digno de abrir los divinos misterios, y en la segunda sección, se revela sobreviviendo a la persecución, triunfando sobre las fuerzas del mal, cuando cae la gran Babilonia que representa la falsa religión que desvía al hombre de la genuina adoración a Dios.

El gran dragón escarlata es la representación misma del diablo, identificado en la cita de Apocalipsis 12:7

Los 144 mil representan al remanente del pueblo de Israel, es el conjunto de los redimidos israelitas en sus 12 tribus.

Egipto y Sodoma, son las dos caras de Jerusalén, donde Jesús fue crucificado, porque Egipto representa la esclavitud del pecado, que Jesús quebró con su muerte expiatoria, y Sodoma refleja toda la maldad y pecado humanos, derrotada en la cruz del calvario.

De hecho, actualmente, es significativo que se haya cambiado como capital de Tel Aviv por la histórica capital de Jerusalén, y Donald Trump, el polémico presidente norteamericano la acepte como tal.

La mujer descrita en el capítulo 12 de Apocalipsis, representa a la Iglesia, el Israel de Dios en el nuevo pacto.

El hijo varón representa a Jesús.

Las cola del dragón que arrastra la tercera parte de los estrellas, representa al diablo, y las estrellas son la tercera parte de todos los ángeles, aquellos que le siguieron en su rebelión.

La gran Babilonia con sus 7 colinas sobre las cuales se sienta la mujer vestida de escarlata, es la Ciudad de Roma, porque dicha urbe está rodeada de 7 colinas, así que Babilonia es Roma.

Esta es apenas un vistazo a la gloriosa visión del libro que corre el telón de la victoria final de Dios.

Es un libro de esperanza en medio del caos en el que el ser humano se ha metido al seguir al diablo y su doctrina de mentiras.

El diablo sabe que tiene poco tiempo antes de ser enviado por la eternidad al lago de fuego, y por ello, usa su poder para atacar al pueblo de Dios.

Tomemos la victoria de Cristo, como una bandera que ondee alto anunciando que Dios reina en nuestras vidas.

Bendiciones.

EL VERDADERO SIGNIFICADO DE LLEVAR LA CRUZ DE CRISTO.

"Cuando salían, hallaron a un hombre de Cirene que se llamaba Simón: a éste obligaron a que llevase la cruz".

Mateo 27:32

Uno de los personajes menos conocidos de toda la Escritura y del que apenas de menciona en los evangelios es el caso de Simón de Cirene.

Cirene fue una antigua ciudad griega en la actual Libia, y la principal de las 5 colonias griegas. Está situada en le valle de Jebel, Akhdar.

Simón "venía del campo" y nos representa a todos.

Jesús había dicho: El que quiera venir en pos de mí, tome su cruz cada día y sígueme.

Pero, ¿qué significa llevar la cruz de Cristo?

Pablo menciona la cruz de la que se gloría y no significa que él hablara de una cruz material, porque éste fue sólo el instrumento con el cual ejecutaron al Maestro.

Dice:

"Pero lejos esté de mi gloriarme, sino en la cruz de nuestro Señor Jesucristo, por quien el mundo me es crucificado a mí, y yo al mundo".

Llevar la cruz, es entonces, es ser crucificado al mundo.

¿Qué significa esto?

Es dejar morir al Yo que tanta fuerza tiene en nosotros.

Dejar de buscar satisfacernos solamente a nosotros y ayudar a los demás.

Somos llamados como cristianos a "hacer morir las obras de la carne", es decir, dejar de practicar los frutos de la carne, que el mismo Pablo menciona en el capítulo 5, dentro de las que están no ser fieles en el matrimonio, relaciones sexuales prohibidas, vicios, malos pensamientos, adorar falsos dioses, la brujería en todas sus formas (magia blanca, etc), pelearse unos con otros, las envidias, los homicidios (o los pensamientos de muerte), ser egoístas, emborracharse, fiestas con locuras y cosas malas, casinos, celos, y demás.

Si dejamos de practicar esto y nos alejamos de lo que nos tienta a hacerlo, y buscamos lo espiritual, estamos crucificando al mundo, y entonces, el Espíritu de Dios nos hace amar a los demás, tener confianza en El, ser

humildes, saber controlar nuestros malos deseos, y con todo esto, glorificamos a Dios.

Los que somos de Cristo ya hemos hecho morir en su cruz nuestro egoísmo y nuestros malos deseos.

Si el Espíritu ha cambiado nuestra manera de vivir, debemos obedecerlo en todo, no siendo orgullosos, ni provocamos la envidia de los demás ni nos enojamos con todos, por creernos mejores que ellos, porque todos somos iguales ante Dios, nadie es más.

La Palabra es clara:

Si descubrimos que alguien ha pecado, debemos corregirlo con amor, debemos ayudarnos unos a otros, porque esta es la forma de obedecer la ley de Cristo.

Crucificados al mundo es no vivir según los patrones del mundo. Ellos piensan que andar tomando, tener muchas mujeres, ganar dinero sin importar como, eso es vivir.

No debemos seguirlos en lo que hacen, porque nos volveremos tinieblas como ellos lo son.

Somos hijos de la luz, Dios es luz y no hay obscuridad en El.

El no hace nada malo, es perfecto.

Simón de Cirene tuvo el privilegio de cargar literalmente la cruz de Jesús.

Nosotros estamos llamados cargar con la cruz de Jesús, negándonos a nosotros mismos.

Es hora de tomar la cruz de Jesús y seguirlo a la Casa del Padre.

EN ESTA OCASIÓN, LES HABLARÉ DE UN TEMA QUE NO ES TRATADO EN LOS PULPITOS DE LAS IGLESIAS.

EN EXODO 20, EN LOS DIEZ MANDAMIENTOS, SE NOS HABLA DE NO TENER DIOSES AJENOS DELANTE DE DIOS. SI SE MENCIONA "DIOSES AJENOS" ES QUE ESTOS OCUPAN EN SÍ LA MENTE Y CORAZONES DE MUCHAS PERSONAS, Y EN SU DEBILIDAD E IGNORANCIA DEL SUPREMO DIOS DE LA CREACION SIRVEN A UN DIOS FALSO, HECHO A LA MEDIDA DE SUS IDEAS, PERO NO DE LO QUE LA BIBLIA ENSEÑA.

INCLUSO, UNA TRADUCCIÓN DIRECTA DE UN PASAJE BIBLICO QUE NOS HABLA DE "LOS RUDIMENTOS DEL MUNDO", DE FORMA ENTRE LINEAS NOS HABLA DE ESPIRITUS TUTELARES

DEL MUNDO, ESPIRITUS PRIMIGENIOS QUE GOBERNARON LA TIERRA ANTES DE LA CAÍDA, Y QUE AL PARTICIPAR EN LA REBELIÓN DEL CIELO, SE CONVIRTIERON EN GOBERNANTES MALVADOS DE ESTE MUNDO. POR ESO EN EFESIOS 6:12 CUANDO SE NOS HABLA DE "TENER LUCHA NO CONTRA SANGRE Y CARNE SI NO CONTRA POTESTADES Y GOBERNADORES DE LAS TINIEBLAS", SE NOS MENCIONA A ESTAS ENTIDADES DIABOLICAS QUE CONFUNDEN EL CONOCIMIENTO DE DIOS.

¿REALMENTE CONOCEMOS AL DIOS DE LAS SAGRADAS ESCRITURAS?

Y NO HABLO DE LA TEORÍA...

DIOS PARA MUCHOS SOLO ES UN CONCEPTO O ALGO A LO QUE SE ACUDE CUANDO TODO LO DEMAS FALLA. NO SE TIENE UNA RELACION PERSONAL CON JESUS, Y EL DIALOGO CON ÉL, SE REDUCE A LAS VECES QUE SE ACUDE A LA IGLESIA Y SE LE PIDE SOLO EN LAS ORACIONES GENERALES JUNTO A LOS DEMAS CREYENTES. POCOS TRATAN CON JESUS DE FORMA DIRECTA. MUCHAS VECES, SE PIDE AL PASTOR O AL LIDER QUE

HAGA LA ORACIÓN. ES MAS, ESTA RELACION CON DIOS NO SE CULTIVA EN LA FAMILIA.

SE INTERESA UNO POR EL FUTURO DE LOS HIJOS, POR LA ESCUELA QUE CURSARAN O LA PAREJA QUE TENDRÁN PERO NO SE PREOCUPAN LOS PADRES POR QUE LOS HIJOS CONOZCAN AL DIOS EN EL QUE CREEN.

UNA IDEA NEW AGE ESTÁ METIDA DENTRO DE MUCHAS IGLESIAS DE DIFERENTES CONFESIONES, SEAN CATOLICOS, PROTESTANTES O JUDIOS... EL LLAMADO DIOS ABRAXAS, UN DIOS BUENO Y MALO A LA VEZ QUE DOMINA EL MUNDO A SU ANTOJO, Y VIVE CON ARBITRIO SIN IMPORTARLE LA SUERTE DE SU CREACIÓN. Y MUCHOS CONFUNDEN AL DIOS DE AMOR DE LAS ESCRITURAS CON ESTE ENTE O FALSO DIOS, QUE EN LA MITOLOGIA SE LLAMA "ABRAXAS" Y AL QUE HACE FUNCION HERMAN HESSE EN SU OBRA, "DEMIAN". "ABRAXAS.

ESTE DIOS ABRAXAS UNÍA LO DIVINO CON LO DEMONIACO EN UNA UNION QUE LE ATRAJO MUCHOS INVOCADORES Y YA EN LA GRECIA ANTIGUA SE LE VENERABA Y HASTA SE DICE QUE SAN AGUSTIN ANTES DE CONVERTIRSE ERA UN DISOLUTO

BUSCADOR DE FALSOS DIOSES. ¿SERÁ ACASO QUE ESE DIOS ABRAXAS FUERA UNO DE ESOS ESPIRITUS TUTELARES QUE HAN DOMINADO EL MUNDO EN LA FORMA DE ESPIRITUS CHOCARREROS O COMO SE LE LLAMA EN ALEMAN, POLTERGEIST?

LO CIERTO ES QUE LOS CRISTIANOS NO CONOCEN AL DIOS VERDADERO COMO DEBERÍAN.

SI NO CONOCES EL VERDADERO CARÁCTER DE ALGUIEN E IGNORAS SU SABIDURÍA E INTELIGENCIA, ES FACIL CAER EN LA CONFUSIÓN Y ADORAR A UN DIOS FALSO CREYENDO QUE SE ADORA AL DIOS DE LA VERDAD.

POR EJEMPLO, MUCHOS VEN EN EL SALMO 91 UNA LUCHA CONTRA EL DEMONIO DEL MEDIODÍA O ASMODEO. DICE EL SALMO, "NO TEMERAS AL TERROR NOCTURNO NI SAETA QUE VUELE DE DIA, NI MORTANDAD QUE EN MEDIO DEL DÍA DESTRUYA". EL DEMONIO DEL MEDIODÍA, ASMODEO, SOLO PUEDE SER AHUYENTADO POR EL NOMBRE SAGRADO DE JESUS. NO CON UNA BIBLIA ABIERTA, NI PASANDO UN HUEVO EN ALGUIEN NI CON ALGUNA ORACION RECITADA COMO SI

FUERA UNA FÓRMULA MAGICA, SI NO CON LA FE PUESTA EN DIOS, EL DIOS JEHOVA EN EL NOMBRE DE SU AMADO HIJO JESUS.

SIN EMBARGO, NO PODEMOS SER COMO LOS HIJOS DE UN TAL ESCEVA QUE PRETENDIAN EXPULSAR A UN DEMONIO, "EN EL NOMBRE DE ESE JESUS, ESE QUE PREDICA PABLO". Y TERMINARON SIENDO ATACADOS Y HUYERON DESNUDOS.

A JESUS SE LE DEBE CONOCER DE FORMA PERSONAL, NO COMO UNA IDEA O ABSTRACCION SI NO COMO UNA REALIDAD Y UNO TODOPODEROSA PRESENCIA CADA DIA EN NUESTRA VIDA.

EL CAMINAR CON JESUS DEBE SER A CADA MOMENTO, PORQUE LA VIDA ESTA CONSTRUIDA DE MOMENTOS. DEJEMOS AL DIOS FALSO QUE NOS HEMOS FORMADO EN LA MENTE. VAMOS A LAS ESCRITURAS.

LAS ESCRITURAS NOS HABLAN DE LA MENTE DE DIOS, DE SUS MENSAJES DE AMOR Y RESTAURACION A LA HUMANIDAD. NO LAS CAMBIEMOS POR UN DIOS FALSO QUE SOLO NOS CONFUNDE.

¿QUIERES TENER VIDA ETERNA?

LA BIBLIA NOS DICE COMO. JUAN 17:3 DICE" Y ESTA ES LA VIDA ETERNA, QUE TE CONOZCAN A TI EL UNICO DIOS VERDADERO Y A JESUCRISTO A QUIEN HAS ENVIADO". CONOCER A DIOS ES TENER VIDA ETERNA. CONOCELO HOY. HOY ES TIEMPO.

LA BIBLIA NOS DECLARA LA VICTORIA FINAL CON CRISTO.

"¡He aquí vengo pronto! Bienaventurado el que guarda las palabras de la profecía de este libro"

Apocalipsis 22:7

El mundo está cada vez más descompuesto.

La tasa de divorcios y hogares destruidos por el alcohol y las drogas, va en aumento.

Tres de cada 5 matrimonios se diluyen en el primer año de casados, y los casos de infidelidad, incluso en círculos cristianos, es alarmante.

Los suicidios son cada vez más frecuentes sobre todo en jóvenes entre los 12 y los 29 años, y en el caso de Quintana roo, ocupamos el deshonroso 3 lugar nacional.

Las noticias de guerra y rumores de guerras son cada vez más frecuentes.

Pareciera que el mundo se sume en un caos y no hay nadie que pueda detenerlo.

Sin embargo, la Biblia nos da una esperanza cierta y segura: La Biblia nos declara la victoria final en Cristo de todos los que hemos creído en Su santo Nombre.

Cuando los apóstoles le preguntaron al Señor Jesús sobre el fin de todas las cosas, el mismo Señor les anticipó todo lo que hoy se está viviendo.

En el discurso sobre el fin de todas las cosas, nos habló de las señales que precederían su Segunda Venida, y que el Libro de Mateo registra en el Capítulo 24.

Habló de las siguientes señales:

1.- Vendrían muchos en Nombre de Cristo, haciéndose pasar por él.

La masacre de Guyana donde Jim Jones, supuesto pastor evangélico, llevó a la muerte a más de 900 seguidores, es solamente uno de tantos falsos Cristos que se han presentado a la largo de la historia.

2.- Se levantarán nación contra Nación y reino contra reino.

Esto nos habla de muchas guerras, guerras que escuchamos todos los días en los noticieros.

3.- Pestes, hambres y terremotos.

Enfermedades como el H1N1, el ébola y las enfermedades extrañas son muy comunes, y el cáncer ha aumentado más de un 50 por ciento. El hambre es cada vez más fuerte en muchos países incluso México padece mucha hambre y al menos 53 millones viven en pobreza extrema, y los terremotos, los últimos en México en 2017 cobraron muchas vidas y destruyeron muchas cosas.

4.- Falsos profetas.

Los que anuncian que pare de sufrir, los Cash Luna y otros mercaderes del evangelio.

5.- El aumento de la maldad y la disminución del amor.

Hay tanta maldad que incluso en los hogares, se ha dejado de practicar el amor, y muchos viven sin esperanza ni paz en sus hogares.

6.- Será predicado el evangelio a todo el mundo.

Esta señal se cumple en los misioneros que llevamos la Palabra incluso a través del internet. La Biblia nos enseña de estas señales previas al fin, pero también nos habla en Apocalipsis del Juicio contra los malos, las plagas y castigos contra el pecado del mundo y declara la salvación de los creyentes de todo pueblo, lengua y nación. Una multitud que nadie podía contar, salvada de las garras mismas del infierno.

La aparición de las dos grandes bestias como las del libro de Daniel, nos hablan de un imperio mundial que promueve una falsa adoración, donde la gloria está dada al hombre y no a Dios.

Las fuerzas del anticristo están operando en nuestro mundo, y nuestra fe está siendo probada la máximo. Los juegos como la ballena azul, han cobrado la vida de muchos en este tiempo, y miles de adolescentes corren peligro.

El apóstol Juan en la isla de Patmos pudo ver la Jerusalén Celestial, con sus calles de oro, que representan la pureza donde no hay pecado, y el mar de cristal que nos simboliza la pureza y santidad de Dios.

La victoria de Cristo es nuestra victoria.

El es nuestra esperanza, el reunirnos con ÉL, nuestro mayor anhelo.

Vivamos en santidad para disfrutar de las glorias del cielo.

Preparemos nuestro corazón para encontrarnos con Dios.

LA CORRECTA INTERPRETACION DE LA BIBLIA

"Pablo, según la sabiduría que le ha sido dada os ha escrito, casi en todas sus epístolas, hablando en ellas de todas estas cosas, entre las cuales hay algunas difíciles de entender, las cuales los indoctos e inconstantes tuercen como también las otras Escrituras, para su perdición".

2 Pedro 3: 15b-16.

En nuestros días, es fácil y común darle una falsa interpretación a las Escrituras, si no sabemos el contexto en que fueron escritas. No se trata de tomar todas las cosas de forma literal, sin saber el por qué se dijo tal cosa. A veces, no entendemos los términos usados y sólo los repetimos sin saber lo que significan.

Por ejemplo, cuando se dice: "estad pues firmes, ceñidos vuestros lomos con la verdad", esto tiene una explicación.

En ese tiempo, hombres y mujeres usaban batones.

Al ceñir estos batones, se ajustaban a la espalda y se dejaban libres las piernas para estar listos para la batalla.

Los lomos son las espaldas.

Al ceñir los lomos con la verdad, es que usemos la verdad de modo que nadie pueda decir nada en nuestra contra, que incluso a nuestra espalda nadie pueda afirmar que hay algo falso en nosotros.

Otro caso es cuando se dice que "tomemos la espada del Espíritu", no está invitando a agarrar las armas para pelear, si no que habla de que la espada del

Espíritu es la Biblia y si sabemos como usarla bien, aplicando los versículos propios a cada situación particular, podremos defendernos de los ataques del enemigo, como lo hizo Jesús cuando fue tentado en el desierto y respondió con citas bíblicas.

Otro caso es cuando se dice que los hombres no usemos ropa de mujer o al revés.

No se refiere como dicen algunos que las mujeres no usen pantalones, porque en ese entonces no existían tales cosas.

De hecho, el pantalón se le atribuye a san Pantaleon, un santo católico, y se usaba entre los pueblos alemanes, y en China para recoger el arroz.

En la Biblia se refiere a no usar ropa de mujer, a los que se visten de mujer, se pintan y arreglan como mujeres, y hasta llegan a operarse para cambio de sexo.

Muchas expresiones de la Biblia son mal usadas porque no conocen el contexto, la época y las costumbres de cuando se escribieron.

En el caso del Salmo 103, cuando se dice de modo que te rejuvenezcas como el águila, se refiere al proceso que pasa en las águilas entran en una crisis similar a la de los humanos, y les crecen las garras y salen protuberancias en el pico y deben luchar contra estas cosas, hasta vencer esto, y salir fortalecidas, rejuvenecidas, como a los humanos nos pasa en la crisis de mediana edad, con la menopausia y andropausia, que si las sabemos enfrentar, salimos fortalecidos.

En el caso del sábado, el sábado de nosotros no es el shabbat, porque comienza el viernes en la tarde, así que no aplica para los que somos de occidente como los mexicanos.

Hay muchos ejemplos sobre como se debe usar la correcta interpretación de la Biblia.

Esta no debe de ser basada en ideas humanas ni en particulares interpretaciones.

Cuando dice que si tu ojo te es ocasión de caer, y es mejor sacártelo, no quiere decir que Dios prefiere que sus hijos estén medio ciegos, si no que deben de evitar ver cosas que no los edifican, y esto previene incluso contra la pornografía.

Lo mismo aplica cuando se dice que si tu mano te es ocasión de caer, la cortes.

No significa que quiere que seas manco, si no que no uses tus manos para hacer lo malo.

Busquemos el verdadero significado de las cosas, antes que buscar interpretarlas a nuestro modo, porque podemos caer en graves errores.

Seamos diligentes en estudiar correctamente la Biblia.

Bendiciones.

EL SIGNIFICADO DE LA SANGRE EN LA BIBLIA

"La sangre de Jesucristo su hijo, nos libra de todo pecado"

1 Juan 1:7

En el Antiguo Testamento, los rituales que incluían sangre, suenan a veces grotescos y difíciles de entender.

Sin embargo, tienen una clara explicación que se desarrolla a lo largo de la Escritura Sagrada, prefigurando la obra redentora de Jesucristo en la cruz del calvario.

La sangre juega un papel trascendente en el desarrollo del plan de salvación de la raza humana.

Las Escrituras revela el propósito de esta verdad a lo largo de toda la Biblia.

En la Carta a los hebreos, atribuida al Apóstol Pablo, en el capítulo 9:23, dice que "sin derramamiento de sangre no hay perdón de pecados", dejando en claro que sin la sangre derramada por Jesús en la cruz no seríamos salvos.

Por eso, se ofrecía la sangre de los animales en el antiguo pacto para señalar hacia el sacrificio del Hijo de Dios, y Juan el Bautista lo reafirma cuando dice:

"He aquí el cordero de Dios que quita el pecado del mundo" (Juan 1:29), porque este santo cordero, el único digno de abrir los sellos de la Revelación, dio su vida por el mundo.

Desafortunadamente, la mala interpretación de pasajes como el de Levítico 17:11 que señala que la vida de la carne en la sangre está", dio lugar a la pésima idea de Charles T. Russell, de prohibir la transfusión de sangre, alegando que es lo mismo que comer sangre.

Russell no tomó en cuenta que este pasaje debe entenderse a la luz del contexto de la historia antigua la que nos explica que los rituales de los antiguos pueblos guerreros incluían beberse la sangre de los enemigos vencidos para tomar sus almas.

Dios prohibía, libar sangre, ya que libar significa beber, y los guerreros bebían esa sangre para comerse sus almas. La transfusión restituye el equipaje necesario para preservar la vida de muchos pacientes graves en los hospitales, y no puede usarse ningún substituto, como no es lo mismo el sustituto de crema que la crema verdadera.

La sangre, en sentido espiritual tiene un poder sanador muy profundo.

La Biblia revela este poder sanador al decir que "la sangre de Jesucristo nos limpia de todo pecado" (1 Juan 1:7), al hablar de que si estamos en luz, como Dios está en la luz, tenemos una verdadera comunión unos con otros, y la sangre de Jesús nos "limpia de todo pecado", y al final del tiempo se dice de los creyentes hermanos que vencieron al diablo por medio de la sangre del cordero, y Jesús es ese santo cordero.

Por ello, cuando los sacerdotes se colocaban sangre en el lóbulo de la oreja derecha, en el pulgar de su mano derecha y pie derecho, y rociaban la sangre en el altar y las cosas sagradas, el profundo significado de estos rituales, aludían a la preciosa sangre de Jesucristo derramada en la cruz del calvario, cuya cobertura se extiende hasta cubrir el mundo y a aquellos dispuestos a reconocer ese sacrificio, siendo esta muerte expiatoria el centro mismo de la historia humana.

El primer sacrificio fue efectuado en el jardín del Edén, al pecar nuestros primeros padres, Adán y Eva.

Les fueron puestas unas túnicas de pieles, la cual implicaba la muerte de animales en substitución de los humanos pecadores. Después, Abel presenta un sacrificio de animales como ofrenda, reconociendo su propia incapacidad para salvarse. Es evidente que Caían no pensaba lo mismo, y presentó como ofrenda, frutos del campo, lo cual no agradó a Dios. El escritor sagrado de la primera carta de Juan, señala que Caín era del maligno. Derramó sangre al matar a su hermano Abel y con esto, le quitó fuerza a la tierra para producir su sustento. Esto dio lugar a que, con el tiempo, la Tierra se corrompió hasta que Dios decidió el fin de toda ser vivo en este mundo, y salvo 8 personas, el mundo fue sumido en agua. Todo culmina con el sacrificio de Jesús en la cruz. 1 Juan 3:8, nos dice que Jesús apareció para deshacer las obras del diablo, y en hebreos 2:14 nos dice que Jesús participó de carne y sangre, y destruyó por medio de la muerte, al diablo.

Así la Biblia enseña que la sangre es el medio por el cual Dios nos dio vida en Cristo Jesús. Jesús mismo lo señaló al decir: "Esta copa es el nuevo pacto en mi sangre", ya que al participar de la comunión reconocemos el poder de esa preciosa sangre derramada en la cruz para nuestra salvación.

Así pues, las Sagradas Escrituras, señalan el poder de Dios revelado en la sangre de Su Hijo Jesús.

¡Alabemos a Dios por esta sagrada verdad en las Sagradas Escrituras!

Este es el verdadero significado de la sangre en la Biblia.

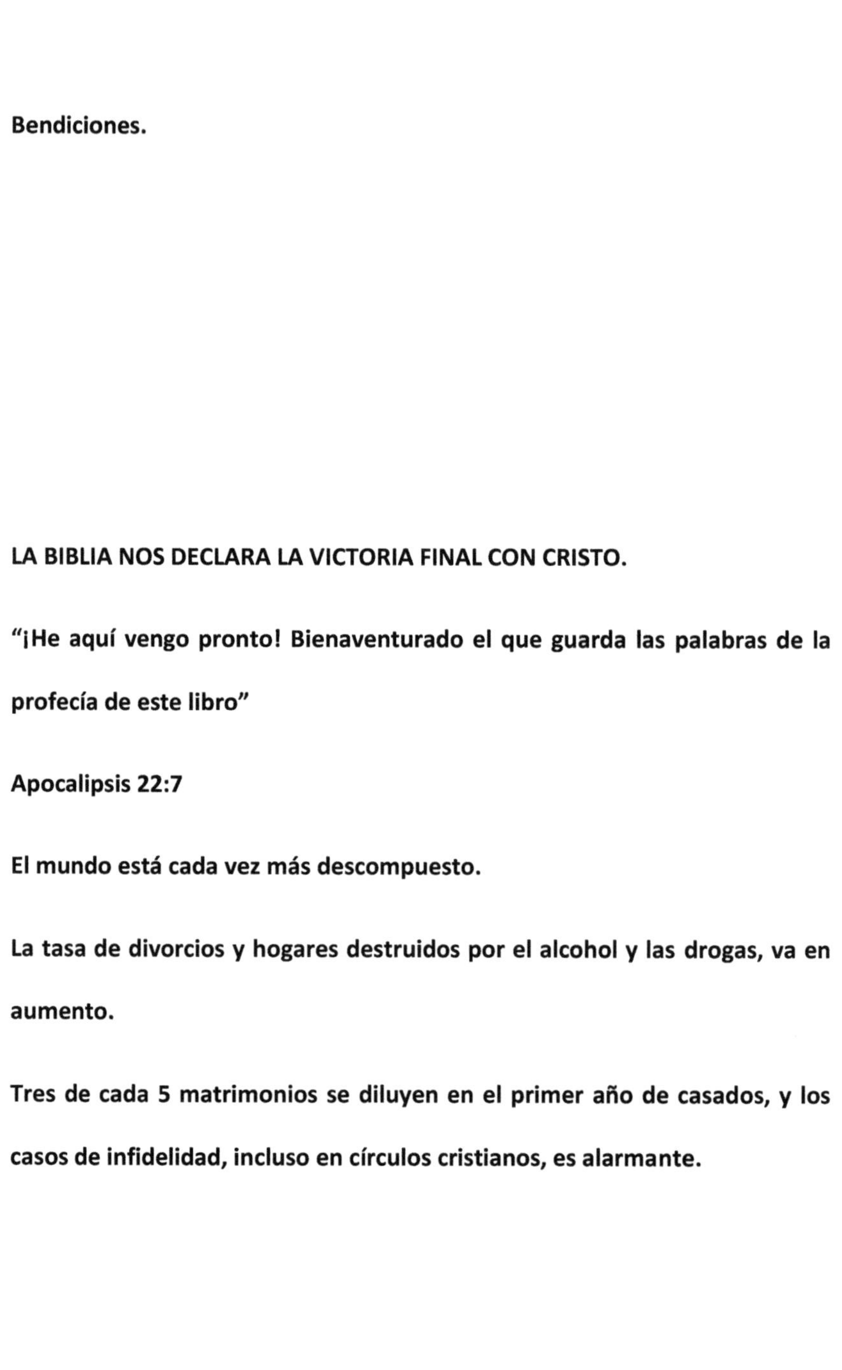

Bendiciones.

LA BIBLIA NOS DECLARA LA VICTORIA FINAL CON CRISTO.

"¡He aquí vengo pronto! Bienaventurado el que guarda las palabras de la profecía de este libro"

Apocalipsis 22:7

El mundo está cada vez más descompuesto.

La tasa de divorcios y hogares destruidos por el alcohol y las drogas, va en aumento.

Tres de cada 5 matrimonios se diluyen en el primer año de casados, y los casos de infidelidad, incluso en círculos cristianos, es alarmante.

Los suicidios son cada vez más frecuentes sobre todo en jóvenes entre los 12 y los 29 años, y en el caso de Quintana roo, ocupamos el deshonroso 3 lugar nacional.

Las noticias de guerra y rumores de guerras son cada vez más frecuentes.

Pareciera que el mundo se sume en un caos y no hay nadie que pueda detenerlo.

Sin embargo, la Biblia nos da una esperanza cierta y segura: La Biblia nos declara la victoria final en Cristo de todos los que hemos creído en Su santo Nombre.

Cuando los apóstoles le preguntaron al Señor Jesús sobre el fin de todas las cosas, el mismo Señor les anticipó todo lo que hoy se está viviendo.

En el discurso sobre el fin de todas las cosas, nos habló de las señales que precederían su Segunda Venida, y que el Libro de Mateo registra en el Capítulo 24.

Habló de las siguientes señales:

1.- Vendrían muchos en Nombre de Cristo, haciéndose pasar por él.

La masacre de Guyana donde Jim Jones, supuesto pastor evangélico, llevó a la muerte a más de 900 seguidores, es solamente uno de tantos falsos Cristos que se han presentado a la largo de la historia.

2.- Se levantarán nación contra Nación y reino contra reino.

Esto nos habla de muchas guerras, guerras que escuchamos todos los días en los noticieros.

3.- Pestes, hambres y terremotos.

Enfermedades como el H1N1, el ébola y las enfermedades extrañas son muy comunes, y el cáncer ha aumentado más de un 50 por ciento. El hambre es cada vez más fuerte en muchos países incluso México padece mucha hambre y al menos 53 millones viven en pobreza extrema, y los terremotos, los últimos en México en 2017 cobraron muchas vidas y destruyeron muchas cosas.

4.- Falsos profetas.

Los que anuncian que pare de sufrir, los Cash Luna y otros mercaderes del evangelio.

5.- El aumento de la maldad y la disminución del amor.

Hay tanta maldad que incluso en los hogares, se ha dejado de practicar el amor, y muchos viven sin esperanza ni paz en sus hogares.

6.- Será predicado el evangelio a todo el mundo.

Esta señal se cumple en los misioneros que llevamos la Palabra incluso a través del internet. La Biblia nos enseña de estas señales previas al fin, pero también nos habla en Apocalipsis del Juicio contra los malos, las plagas y castigos contra el pecado del mundo y declara la salvación de los creyentes de todo pueblo, lengua y nación. Una multitud que nadie podía contar, salvada de las garras mismas del infierno.

La aparición de las dos grandes bestias como las del libro de Daniel, nos hablan de un imperio mundial que promueve una falsa adoración, donde la gloria está dada al hombre y no a Dios.

Las fuerzas del anticristo están operando en nuestro mundo, y nuestra fe está siendo probada la máximo. Los juegos como la ballena azul, han cobrado la vida de muchos en este tiempo, y miles de adolescentes corren peligro.

El apóstol Juan en la isla de Patmos pudo ver la Jerusalén Celestial, con sus calles de oro, que representan la pureza donde no hay pecado, y el mar de cristal que nos simboliza la pureza y santidad de Dios.

La victoria de Cristo es nuestra victoria.

El es nuestra esperanza, el reunirnos con ÉL, nuestro mayor anhelo.

Vivamos en santidad para disfrutar de las glorias del cielo.

Preparemos nuestro corazón para encontrarnos con Dios.

Printed by Books on Demand GmbH, Norderstedt / Germany